संजीव एनी टाइम टेम्पटेशन शृंखला कपूर

# शाकाहारी स्नेक्स एण्ड स्टार्टर्स

www.sanjeevkapoor.com

अल्योना कपूर के सहयोग से

पॉप्युलर प्रकाशन
www.popularprakashan.com

राजपाल

खाना खज़ाना पब्लिकेशन्स प्रा. लि. के लिए
पॉप्युलर प्रकाशन प्रा. लि. द्वारा प्रकाशित
पॉप्युलर प्रकाशन प्रा. लि.
301, महालक्ष्मी चेम्बर्स
22, भुलाभाई देसाई मार्ग
मुंबई 400 026


प्रथम प्रकाशन 2007
द्वितीय पुनर्मुद्रण 2014



ISBN: 978-81-7028-889-3

छायाचित्रणः मुकेश मुनिम

भारत में मुद्रित
सौरभ प्रिंटर्स प्रा. लि.
ए-16, सेक्टर 4, नॉयडा

## समर्पण

यह पुस्तक खाना ख़जाना
के सभी दर्शकों को
और मेरे परिवार तथा
दोस्तों को समर्पित है
जिन्होंने हमेशा मुझे
प्रोत्साहित किया है.

सह-प्रकाशक
राजपाल एण्ड सन्ज़
कश्मीरी गेट
दिल्ली - 110 006
website : www.rajpalpublishing.com
e-mail : sales@rajpalpublishing.com

# लेखक की कलम से

चटपटे और जायकेदार व्यंजन किसे पसंद नहीं हैं. दिन में सुबह और शाम के खाने के बीच कई बार हमें हमारी थोड़ी सी भूख मिटाने के लिए ऐसा ही कुछ खाने की इच्छा होती है. काम करते हुए, पढ़ते हुए या टीवी देखते हुए ये चटपटे और गरमा-गरम स्नेक्स हमारे मुँह का स्वाद भी बदलते हैं और हमें ऊर्जा भी देते हैं.

एनी टाइम टेम्प्टेशन शृंखला की इस किताब में हमनें विभिन्न प्रकार के चटपटे व्यंजनों की आसान पाकविधियाँ दी हैं. इसमें सभी लोकप्रिय स्नेक्स का समावेश किया गया है. महाराष्ट्रीयन साबूदाना वड़ा, भाजणी थालीपीठ, कोथिंबीर वड़ी, बटाटा वड़ा व गुजराती खांडवी, पातरा नरमानरम ढोकला सभी इसमें है. उत्तर भारतीय वेजिटेबल समोसा और लहसुनी टिक्की की पाकविधियाँ भी इसमें हैं. इसके अलावा कई अंतर्राष्ट्रीय स्नेक्स जैसे चिली चीज़ टोस्ट, फलाफेल, स्टीम्ड क्रिसेंट्स भी हैं. और साथ ही चटपटे स्टार्टर्स भी हैं जो भूख बढ़ाने में आपकी मदद करेंगे.

ये सभी स्नेक्स चाय की प्याली के साथ खूब जमेंगे.

तो चाय पर कब बुला रहे हैं आप अपने दोस्तों को ?

हेप्पी कुकिंग!

# विषय-सूची

# पौष्टिक पोहा

## सामग्री

पोहे (चिवड़ा) ........................ 2 कप
हरी मिर्चें ................................ 3
प्याज़ ................. 2 मध्यम आकार के
ताज़ा हरा धनिया ............. कुछ डंठल
सोया दाने ........................ 1/2 कप
तेल ......................... 1 बड़ा चम्मच
जीरा ..................... 1 छोटा चम्मच
कढ़ीपत्ते ............................ 8-10
हल्दी .................. 1/2 छोटा चम्मच
सेंकी हुई मूँगफली ................ 1/2 कप
नमक ......................... स्वादानुसार
नींबू का रस ................. 2 बड़े चम्मच

## विधि

1 प्याज़ को छीलकर बारीक काट लें. हरी मिर्च और ताज़े हरे धनिये को भी बारीक काट लें.

2 पोहों को एक छलनी में रखें और उस पर तीन से चार कप पानी डालें. पोहे अच्छी तरह से गीले कर लें. निथारकर अलग रख दें.

3 सोया दानों को गरम पानी से धो लें या फिर एक कप पानी में पंद्रह से बीस मिनट तक भिगोकर रखें. निथारकर अलग रख दें.

4 नॉनस्टिक पेन में तेल गरम करें. उसमें जीरा डालें. थोड़ी देर चलायें.

5 उसमें हरी मिर्च, कढ़ीपत्ते, हल्दी और कटा हुआ प्याज़ डालें. मध्यम आँच पर दो मिनट तक चलाते रहें.

6 सोया दाने डालें और पाव कप पानी छिडकें. ढककर धीमी आँच पर पाँच मिनट तक पकायें. अच्छी तरह से मिला लें.

7 पोहे डालकर मध्यम आँच पर पोहे पूरी तरह से गरम होने तक लगातार चलाते हुए पकायें.

8 मूँगफली, नमक और नींबू का रस डालकर अच्छी तरह मिला लें.

9 कटे हुए ताज़े हरे धनिये से सजाकर गरमा-गरम परोसें.

# केज़न पटेटोस

## सामग्री

आलू ............ 8-10 मध्यम आकार के
लेट्यूस के पत्ते ........................ 4
कश्मीरी लाल मिर्च पाउडर ............... ........................ 1 छोटा चम्मच
कुटी हुई लाल मिर्च .... $1\frac{1}{2}$ छोटे चम्मच
कुटी हुई काली मिर्च ... $\frac{1}{2}$ छोटा चम्मच
थाइम (सूखी) .......... $\frac{1}{2}$ छोटा चम्मच
ऑरेगेनो (सूखा) ...... $\frac{1}{2}$ छोटा चम्मच
नमक ........................ स्वादानुसार
तेल ........................ 2 बड़े चम्मच
मक्खन ...................... 2 बड़े चम्मच
नींबू का रस ............... 1 बड़ा चम्मच

## विधि

1. अवन को $200^0$ सेल्सियस तक गरम करें. लेट्यूस के पत्तों को धो लें.
2. आलुओं को धोकर छिलके सहित उनकी फाँकि कर लें.
3. लाल मिर्च पाउडर, कुटी हुई लाल मिर्च, कुटी हुई काली मिर्च, थाइम, ऑरेगेनो, नमक और तेल को मिलाकर गाढ़ा घोल बना लें. इसे आलू की फाँकों पर लगाकर पांच से सात मिनट तक रहने दें.
4. आलुओं की फाँकों को मक्खन लगाकर बीच-बीच में पलटते हुए अवन में सुनहरा-भूरा होने तक भूनें. अवन से निकालें और उस पर नींबू का रस डालें.
5. लेट्यूस के पत्तों पर गरमा-गरम परोसें.

# ग्रिल्ड पनीर विद हनी चिली सॉस

## सामग्री

पनीर ............................ 400 ग्राम
मक्खन .......................2 बड़े चम्मच

**सॉस**

लहसुन ...................... 8-10 कलियाँ
प्याज़ ............... 1 मध्यम आकार का
कॉर्नस्टार्च...................1 बड़ा चम्मच
तेल ..........................2 बड़े चम्मच
दरदरी कुटी लाल मिर्च .. 1 छोटा चम्मच
सोया सॉस ................1 बड़ा चम्मच
शहद .........................2 बड़े चम्मच
नमक ........................ स्वादानुसार
काली मिर्च पाउडर ..... $^{1}/_{4}$ छोटा चम्मच

**मसाला**

साबुत लाल मिर्चें .................... 3-4
धनिया ....................1 छोटा चम्मच
जीरा ................... $^{1}/_{2}$ छोटा चम्मच
काली मिर्च ..............................3-4
दालचीनी ............. $^{1}/_{2}$ इंच का टुकड़ा
लौंग ......................................... 3
जायफल पाउडर .............. चुटकी भर
तेल..........................1 बड़ा चम्मच
लहसुन पेस्ट ............1 छोटा चम्मच
अदरक पेस्ट ..............1 छोटा चम्मच

## विधि

1. पनीर को उँगली जितने लम्बे टुकड़ों में काट लें. लहसुन की कलियाँ मसल लें और प्याज़ काट लें.
2. पाव कप पानी में कॉर्नस्टार्च घोल लें.
3. मसाला तैयार करने के लिए लाल मिर्च, धनिया, जीरा, काली मिर्च, दालचीनी, लौंग और जायफल को तवे पर भूनें. पीसकर दरदरा पाउडर बना लें. इस पाउडर में तेल, लहसुन पेस्ट और अदरक पेस्ट मिला लें.
4. तवा गरम करें. मक्खन डालें और पनीर को हर तरफ से भूरे रंग का होने तक भूनें. आप इसे सेंडविच टोस्टर में भी टोस्ट कर सकते हैं.
5. हनी-चिली सॉस बनाने के लिए पेन में तेल गरम करें. लहसुन को पेन में डालकर आधे मिनट तक चलायें. उसके बाद उसमें कटा हुआ प्याज़, दरदरी कुटी लाल मिर्च, तैयार किया हुआ मसाला, सोया सॉस और शहद डालकर कुछ मिनटों तक चलायें. अब उसमें कॉर्नस्टार्च का घोल डालें. एक उबाल लायें और सॉस गाढ़ा होने तक पकायें. इसमें नमक और काली मिर्च पाउडर मिलायें.
6. ग्रिल्ड पनीर को गरम-गरम हनी-चिली सॉस के साथ परोसें.

# ग्रीन पीज़ कोकोनट टिक्की

## सामग्री

मटर .................................. 1 कप
नारियल, कद्दूकस किया हुआ ... 1/2 कप
आलू ................................ 4 बड़े
ताज़ा हरा धनिया ................. 1/2 कप
अदरक .................. 1 इंच का टुकड़ा
हरी मिर्चें ................................ 3
तेल .......2 बड़े चम्मच + तलने के लिए
जीरा .........................2 छोटे चम्मच
हींग ............................. चुटकीभर
नमक ......................... स्वादानुसार
नींबू का रस ..............1 छोटा चम्मच
धनिये और पुदीने की चटनी (पृष्ठ क्र. 96)

## विधि

1 आलू उबालकर ठंडे करें. ठंडे होने के बाद उसे हल्के से मसल लें. उसमें नमक मिलाकर मुलायम होने तक गूंधकर अलग रख दें.

2 मटर को धोकर उबाल लें. ठंडे होने के बाद उसे हल्के से मसल लें. हरा धनिया, अदरक और हरी मिर्चों को बारीक काट लें.

3 पेन में तेल गर्म करें. उसमें जीरा, हींग, कटा अदरक, कटी हरी मिर्चें, उबले मटर और

थोड़ा नमक डालें. चलाते हुए दो-तीन मिनट भूनें. थोड़ा नींबू का रस मिलाकर एक प्लेट में ठंडा होने के लिए फैला दें.

4 कटा हुआ हरा धनिया और कद्दूकस किया हुआ नारियल डालकर मिला लें.

5 हथेली गीली कर थोड़ा मसला हुआ आलू उस पर फैलायें. उसमें मटर और नारियल का थोड़ा मिश्रण डालें और चारों तरफ से बंद कर दें. थोड़ा सा दबायें और रोल करें ताकि भरावन बाहर न निकले. इसे फ्रिज में पाँच से सात मिनट तक रख दें.

6 तवे पर थोड़ा तेल गरम करके टिक्की को धीमी आँच पर कुरकुरी या हलकी भूरी होने तक तलें.

7 गरमा-गरम टिक्की धनिये और पुदीने की चटनी के साथ परोसें.

# आलू पनीर रोल्स

## सामग्री

आलू ................................ 2 बड़े
पनीर ............................ 200 ग्राम
किशमिश ................... 1 बड़ा चम्मच
ताज़ा हरा धनिया ........... 4 बड़े चम्मच
प्याज़ ................ 1 मध्यम आकार का
हरी मिर्चें ................................ 3-4
तेल ..... 1 बड़ा चम्मच + तलने के लिए

लाल मिर्च (कुटी हुई) ... $^{1}/_{2}$ बड़ा चम्मच
गरम मसाला पाउडर ..... 1 छोटा चम्मच
नमक .......................... स्वादानुसार
मैदा ......................... 4 बड़े चम्मच
काली मिर्च ............ $^{1}/_{4}$ छोटा चम्मच
दूध ................................. $^{1}/_{2}$ कप
ब्रेड का चूरा ......................... 1 कप

## विधि

1 आलू को उबालकर, ठंडा कर, छीलकर मसल लें. (उबले आलू ठंडे पानी में डालकर ठंडे न करें. इससे ये सूखते नहीं हैं और इनमें नमी बनी रहती है.)

2 पनीर को कद्दूकस कर लें. किशमिश को गुनगुने पानी में थोड़ी देर भिगो दें. हरे धनिये को धोकर काट लें. प्याज़ और हरी मिर्च काट लें. मैदे में नमक और काली मिर्च पाउडर मिलायें.

3 फ्राइंग पेन में एक बड़ा चम्मच तेल गरम करें और इसमें कटे प्याज़ को हलका सा भूनें.

4 पनीर, आलू, कुटी हुई लाल मिर्च, भूना प्याज़, कटी हरी मिर्च, कटा हरा धनिया, गरम मसाला पाउडर, नमक और किशमिश को अच्छी तरह मिला लें.

5 अण्डाकार रोल बना लें.

6 इन्हें मैदे के मिश्रण में लपेटें, उसके बाद दूध में डुबोकर ब्रेड के चूरे में लपेट लें. फिर इन्हें एक घंटे से ज्यादा समय के लिए फ्रिज में रख दें.

7 एक कड़ाही में पर्याप्त तेल गर्म करें और रोल को सुनहरा-भूरा होने तक तलें. निकालकर तेल सोखने वाले कागज़ पर रखें ताकि अतिरिक्त तेल निकल जाए.

8 हरे धनिये और पुदीने की चटनी के साथ परोसें.

**शेफ का सुझाव**

तेल अच्छे से गरम हुआ है या नही और रोल टूट तो नहीं रहे यह देखने के लिए पहले रोल का एक छोटा टुकड़ा डालकर देखें.

# एप्पल एण्ड चीज़ टोस्ट

## सामग्री

सेब .................................. 2 बड़े
नींबू का रस ................1 बड़ा चम्मच
काजू, दरदरे पीसे हुए ..................... 8
संतरे का रस .....................$^1/_2$ कप
होल व्हीट ब्रेड ................ 4 स्लाइस
लो फेट पनीर .................. 120 ग्राम
दालचीनी पाउडर ...... $^1/_2$ छोटा चम्मच
शहद ........................ 1 बड़ा चम्मच

## विधि

1 सेब को छीलकर उनकी मोटी फाँकें कर लें. इन पर नींबू का रस छिड़क दें.

2 पेन में या पहले से गरम किए अवन में काजू को हल्के सुनहरे रंग के होने तक भून लें. ठंडा करके उन्हें दरदरा पीस लें .

3 नॉन-स्टिक पेन गरम कर लें. सेब की फाँको को संतरे के रस में करीब दस मिनट तक या नरम होने तक पका लें . फाँको को अच्छी तरह से पकाने के लिए पलटते रहें.

4 ब्रेड स्लाइस को अच्छी तरह सेंक लें और उसके किनारे काट दें.

5 पनीर कद्दूकस कर लें और उसे काजू के साथ अच्छी तरह मिला लें.

6 इस मिश्रण को ब्रेड पर अच्छी तरह से फैला लें और पके हुए सेब को ब्रेड पर अच्छी तरह से सजा लें.

7 ब्रेड पर दालचीनी पाउडर छिड़कें और उसे गरम ग्रिल या पहले से गरम किये हुए अवन में (180° सेल्सियस) हल्के सुनहरे रंग का होने तक बेक करें.

8 गरम टोस्ट पर शहद डालें और मनपसंद आकार में काटकर परोसें.

# फलाफेल

## सामग्री

काबुली चने ........................ 1 कप
ताज़ा हरा धनिया ..........2 बड़े चम्मच
पार्सली .......................2 बड़े चम्मच
हरे प्याज़ की पत्तियाँ ..................4-5
लहसुन ........................2-3 कलियाँ
ब्रेड का चूरा ...................... $^1/_4$ कप
सोडा बायकार्बोनेट ............ चुटकीभर
जीरा पाउडर............ $^1/_2$ छोटा चम्मच
नमक ......................... स्वादानुसार
काली मिर्च पाउडर..... $^1/_4$ छोटा चम्मच
पपरिका ................ $^1/_2$ छोटा चम्मच
(एक प्रकार की लाल मिर्च)
तेल ......................... तलने के लिए

## विधि

1 काबुली चनों को धोकर रात भर भिगो दें . चनों को निकालकर किचन टावेल पर रखें ताकि पानी निकल जाए .
2 हरे धनिये और पार्सली को साफ कर, धोकर बारीक काट लें .
3 हरे प्याज़ की पत्तियों को धोकर बारीक काट लें. लहसुन को बारीक काट लें.

4 फूड प्रोसेसर में काबुली चनों को लहसुन, हरे धनिये, पार्सली, हरे प्याज़ की पत्तियों और ब्रेड के चूरे के साथ दरदरा पीस लें.

5 इसमें चुटकीभर सोडा बायकार्बोनेट और जीरा पाउडर डालकर अच्छी तरह मिला लें.

6 इसमें नमक, काली मिर्च पाउडर और पपरिका डालकर अच्छी तरह मिला लें और एक से दो घंटे के लिए फ्रिज़ में रख दें.

7 एक बड़े चम्मच पर पानी लगायें और उसमें थोड़ा सा मिश्रण रखें और इसे आकार देने के लिए दूसरे गीले चम्मच से उसे दबा दें. इसी तरह अन्य फलाफेल बनाकर एक चिकनाईयुक्त प्लेट में रखकर फ्रिज़ में रख दें.

8 एक कड़ाही में पर्याप्त मात्रा में तेल गरम करें और सुनहरे-भूरे होने तक फलाफेल तलें.

# हॉट एण्ड सॉर इडली

## सामग्री

तुअर दाल ........................... 1 कप
चावल ................................. 1 कप
साबुत लाल मिर्च ........................ 6
इमली का गूदा .............2 बड़े चम्मच
गुड़ (कद्दूकस किया हुआ)1 बड़ा चम्मच
हींग ...................... एक बड़ी चुटकी
हल्दी ................... $^1/_2$ छोटा चम्मच
नमक .......................... स्वादानुसार
प्याज़ ............................... 2 छोटे

## विधि

1 चावल और दाल को अलग अलग धोकर, तीन कप पानी में, अलग-अलग बर्तनों में चार से छह्र घंटों तक भिगोकर रखें. उसके बाद निथार कर चावल और दाल को एक तरफ रख दें. लाल मिर्च और इमली को पीसकर उसका महीन पेस्ट बना लें.

2 दाल को महीन और चावल को दरदरा पीस लें. फिर उन्हें अच्छी तरह से मिला लें.

3 इसमें इमली और लाल मिर्च का पेस्ट, कद्दूकस किया हुआ गुड़, हींग, हल्दी और नमक डालकर अच्छी तरह मिला लें. इसे चार से पांच घंटों तक खमीर उठने के लिए रख दें.

4 प्याज़ को बारीक काट लें.

5 इडली के सांचे पर थोड़ा तेल लगायें. स्टीम पॉट (इडली पात्र) में थोड़ा पानी गरम कर लें.

6 इडली के घोल को सांचे में डालें, उस पर कटा प्याज़ छिड़कें और उसे पन्द्रह से बीस मिनट या पूरी तरह पकने तक पकायें.

7 अपनी मनपसंद चटनी के साथ परोसें.

# फ्रेंच ब्रेड क्रिस्पीज़

## सामग्री

होल मील फ्रेंच लोफ .................... 1
टमाटर................................ 3 बड़े
लहसुन ......................... 5-6 कलियाँ
ताज़ी तुलसी ................. कुछ पत्तियाँ
जैतून का तेल ...............2 बड़े चम्मच

29
नमक ........................ स्वादानुसार
काली मिर्च (कुटी हुई) ... 1 छोटा चम्मच
कुटी हुई लाल मिर्च.... $^{1}/_{2}$ छोटा चम्मच
सूखा ऑरेगेनो ................ चुटकी भर

## विधि

1 फ्रेंच लोफ में से आधा इंच चौड़ी ब्रेड स्लाइसेस काट लें. टमाटर को धोकर छोटे-छोटे टुकड़ों में काट लें. लहसुन को छीलकर काट लें.

2 तुलसी की पत्तियों को साफ कर धो लें. आधी पत्तियों को छोटा-छोटा काट लें और बाकी को पतले, लंबे टुकड़ों में काटकर ठंडे पानी में रख दें.

3 ब्रेड की स्लाइस पर जैतून का तेल लगाकर उसे पहले से गरम किये हुए अवन में कुरकुरा होने तक टोस्ट करें.

4 टमाटर के टुकड़ों को लहसुन, छोटी कटी तुलसी की पत्तियों और बचे हुए जैतून के तेल के साथ मिला लें.

5 इसमें नमक, कुटी हुई काली मिर्च, कुटी हुई लाल मिर्च और सूखा ऑरगेनो डालकर अच्छी तरह से मिला लें.

6 इस मिश्रण को ब्रेड की स्लाइस पर फैलाकर फिर से पहले से गरम किए अवन में रखकर ब्रेड के किनारे सुनहरे भूरे होने तक बेक करें.

7 ताज़ी तुलसी की पत्तियों से सजाकर तुरन्त परोसें.

# वेजिटेबल स्प्रिंग रोल

## सामग्री

**स्प्रिंग रोल रेपर (बाहरी आवरण)**
मैदा.................................. $^1/_4$ कप
कॉर्नफ्लोर ...... 1 कप + 1 बड़ा चम्मच
नमक ......................... स्वादानुसार
तेल

**भरावन**
तेल ...... 2 बड़े चम्मच + तलने के लिए
प्याज़ ................ 1 मध्यम आकार का
गाजर................ 2 मध्यम आकार की
हरी शिमला मिर्च .. 1 मध्यम आकार की
पत्तागोभी ........................ $^1/_2$ छोटी
लाइट सोया सॉस ......... 1 बड़ा चम्मच
सफेद मिर्च पाउडर..... $^1/_4$ छोटा चम्मच
नमक ......................... स्वादानुसार
अंकुरित मूँग ....................... $^3/_4$ कप
हरे प्याज़ ........... 2 मध्यम आकार के

## विधि

1 प्याज़ की पतली फाँकें कर लें. गाजर कद्दूकस कर लें. शिमला मिर्च और पत्तागोभी को पतली लंबी पट्टियों में काट लें.

2 भरावन बनाने के लिए कड़ाही में दो बड़े चम्मच तेल गरम कर प्याज़ की पतली फाँकें और गाजर डालकर आधे मिनट तक पकायें.

3 हरी शिमला मिर्च और पत्तागोभी डालकर एक मिनट तक भून लें. सोया सॉस, सफेद मिर्च पाउडर और नमक डालें. उसमें अंकुरित मूँग, हरे प्याज़ की फाँके और बारीक कटी हुई हरी पत्तियाँ डालकर आधे मिनट तक पकाएं. गैस पर से उतार लें और उस भरावन को ठंडा होने दें.

4 स्प्रिंग रोल रेपर्स बनाने के लिये एक बाउल में एक कप कॉर्नफ्लोर, मैदा और नमक लेकर मिला लें. दो कप पानी डालकर अच्छी तरह फेंट लें. घोल को छानकर पंद्रह मिनट तक एक ओर रख दें. यदि पानी की आवश्यकता हो तो पानी मिला लें.

5 आठ इंच का एक नॉनस्टिक फ्राईंग पेन गरम करें. उस पर हलका सा तेल लगाकर एक बड़ा चम्मच घोल उस पर डालें. उसे घुमाकर पूरे पेन पर फैला लें और अतिरिक्त घोल वापस बाउल में डाल दें. मध्यम आँच पर उसे पकने दें. कुछ देर बाद जब घोल किनारे छोड़ने लगे तब रेपर को पेन से निकाल लें. उसे ठंडा कर उस पर थोड़ा सा कॉर्नफ्लोर छिडकें. इस तरह आठ दस रेपर्स बनायें.

6 एक बड़े चम्मच कॉर्नफ्लोर में दो बड़े चम्मच पानी डालकर पेस्ट बना लें.

7 भरावन के आठ से दस समान भाग कर लें. भरावन को रेपर्स के एक बाजू में रखकर कट्ठा रोल करें. रोल करते हुए किनारों को मोड लें और सिरों को कॉर्नफ्लोर की पेस्ट लगाकर चिपका लें.

8 कड़ाही में तेल गरम करें; एक बार में दो ही स्प्रिंग रोल पलटते हुए तलें. स्प्रिंग रोल कुरकरे और सुनहरे भूरे होने तक तलें. निकालकर तेल सोखने वाले कागज़ पर रखें.

9 स्प्रिंग रोल के चार टुकड़े करें और शेज़वान सॉस (पृष्ठ क्र. 95) के साथ परोसें.

# चिली चीज़ टोस्ट

## सामग्री

ब्रेड ........................... 8 स्लाइस
चीज़ (कद्दूकस किया हुआ) .. $1\frac{1}{2}$ कप
हरी मिर्चें ................................4-6
ताज़ा हरा धनिया ................ $\frac{1}{2}$ कप

प्याज़ ................ 1 मध्यम आकार का
शिमला मिर्च ....... 1 मध्यम आकार की
काली मिर्च (कुटी हुई) ... 1 छोटा चम्मच
नमक ......................... स्वादानुसार

## विधि

1 हरी मिर्च को धोकर बारीक काट लें. हरा धनिया छाटकर, धोकर बारीक काट लें. प्याज़ छीलकर बारीक काट लें. शिमला मिर्च को बीच से काटकर उसके बीज निकाल दें और उसे बारीक काट लें. एक बाउल में चीज़, हरी मिर्च, हरा धनिया, प्याज़, शिमला मिर्च, कुटी हुई काली मिर्च और नमक डालकर अच्छी तरह से मिला लें. मिश्रण को आठ भागों में बराबर बाँट लें.

2 तवे पर ब्रेड एक तरफ से अच्छी तरह से सेंक लें. चीज़ मिश्रण को ब्रेड के बिना सेंके हुए हिस्से पर लगाएँ. पहले से $180^0$ सेल्सियस पर गरम किये अवन में चीज़ गलकर सुनहरा भूरा रंग का होने तक ब्रेड बेक करें. प्रत्येक स्लाइस को तिरछा काटकर पसंदीदा सॉस के साथ गरमा-गरम परोसें.

# कांदा भजिया

## सामग्री

प्याज़ ................................ 4 बड़े
नमक ......................... स्वादानुसार
तेल ......................... तलने के लिए
बेसन ................................ 1 कप
लाल मिर्च पाउडर ...... 1 छोटा चम्मच

## विधि

1 प्याज़ की पतली-पतली फाँकें कर लें. उसमें नमक मिलायें और हथेलियों से दबाकर अतिरिक्त पानी निकाल दें. कड़ाही में तेल कड़क गरम कर लें.

2 प्याज़ में बेसन और लाल मिर्च पाउडर मिलायें. इसमें पानी न डालें.

3 तैयार मिश्रण का थोड़ा-थोड़ा हिस्सा लेकर उसे गरम तेल में डालें. यदि भजिये आपस में चिपक रहे हों तो उन्हें अलग-अलग कर दें. आधे तलने पर उन्हें निकाल दें.

4 परोसने से पहले इन्हें फिर से गरम तेल में सुनहरे होने तक तलें. निकालकर तेल सोखने वाले कागज़ पर रखें और चटनी के साथ गरमा-गरम परोसें.

# मटकी उसल

## सामग्री

मोठ ................................. 1 कप
प्याज़ ................2 मध्यम आकार के
ताज़ा हरा धनिया ............. कुछ डंठल
तेल ...........................3 बड़े चम्मच
राई ...................... $^1/_2$ छोटा चम्मच
कढ़ीपत्ते .................................6-8
हल्दी .................... $^1/_2$ छोटा चम्मच
लाल मिर्च पाउडर ....... $^1/_2$ छोटा चम्मच
गोडा मसाला ............. 1 छोटा चम्मच
गुड़ (कद्दूकस किया हुआ) ..............
............................ 1 छोटा चम्मच

नमक ......................... स्वादानुसार
नारियल (कद्दूकस किया हुआ) .........
........................... 2 बड़े चम्मच

**मसाला पेस्ट**

हरी मिर्चें ................................ 3-4
लहसुन कलियाँ ....................... 6-7
जीरा .......................1 छोटा चम्मच
नारियल (कद्दूकस किया हुआ)..$^1/_4$ कप

## विधि

1 प्याज़ छीलकर बारीक काट लें. हरे धनिये को भी बारीक काट लें.

2 मोठ साफ कर धो लें. चार कप पानी में रातभर भिगोयें. निथारकर अलग रख दें.

3 मसाला पेस्ट बनाने के लिए हरी मिर्च और लहसुन की कलियों को काट लें. जीरे को सूखा भून लें. हरी मिर्च, लहसुन की कलियाँ, जीरा और नारियल को एक साथ पीसकर उसकी पेस्ट बना लें.

4 पेन में तेल गरम करें. राई डालें. तड़कने पर कढ़ीपत्ते और प्याज़ डालें. प्याज़ को हल्का सुनहरा होने तक भूनें. लगातार चलाते रहें.

5 मसाला पेस्ट डालें और मध्यम आँच पर तीन से चार मिनट तक चलायें. हल्दी, लाल मिर्च पाउडर, गोडा मसाला, गुड़ और नमक डालकर अच्छी तरह मिलायें.

6 मोठ डालें और मिला लें. इतना पानी डालें की मोठ पानी से ढक जाये.

7 एक उबाल लायें और मध्यम आँच पर मोठ पकने तक पकायें. बीच-बीच में हिलाते रहें.

8 कद्दूकस किये हुए नारियल और कटे हुए ताज़े हरे धनिये से सजाकर गरमा-गरम परोसें.

# पिकांट पटेटोस इन जेकेट्स

## सामग्री

आलू ............................ 4 बड़े
प्याज़ ............................ 1 छोटा
अदरक .................. 1 इंच का टुकड़ा
लहसुन ........................ 3-4 कलियाँ
हरा धनिया .................... कुछ डंठल
तेल ......................... 1 बड़ा चम्मच
जीरा ...................... 1 छोटा चम्मच

धनिया पाउडर ............ 2 छोटे चम्मच
हल्दी ................... $^{1}/_{2}$ छोटा चम्मच
गार्लिक सॉल्ट ........... 1 छोटा चम्मच
काली मिर्च पाउडर .... $^{1}/_{2}$ छोटा चम्मच
नमक ........................ स्वादानुसार
दही ................................. 1 कप

## विधि

1 आलुओं को अच्छी तरह पानी से धोएं. काँटे से उनमें छेद करें और पहले से 190° सेल्सियस पर गरम अवन में 40 मिनट तक बेक कर लें.

2 अब आलुओं को बीच से काटकर उसके दो टुकड़े कर लें. हल्के हाथों से चाकू की मदद से आलू के गूदे को इस तरह से निकालें कि उसका छिलका साबुत बचा रहे. आलू के इन छिलकों को जेकेट कहते हैं.

3 प्याज़ को छीलकर बारीक काट लें. अदरक और लहसुन को भी बारीक काट लें. हरे धनिये को छाँटकर, धोकर, बारीक काट लें.

4 अब एक कड़ाही में तेल गर्म करें. उसमें जीरा डालें. तड़कने पर बारीक कटा हुआ प्याज़, अदरक और लहसुन डालकर एक मिनट तक भूनें.

5 निकाला हुआ आलू का गूदा, धनिया पाउडर, हल्दी, गार्लिक सॉल्ट, काली मिर्च पाउडर और नमक डालें. मध्यम आँच पर दो मिनट तक पकायें. बीच-बीच में हिलाते रहें.

6 ठंडा होने पर उसमें अच्छी तरह फेंटा हुआ आधा कप दही मिला लें.

7 मिश्रण को आलुओं के छिलकों (जेकेट) में चम्मच की सहायता से भरें और उन पर एक-एक चम्मच बचा हुआ दही डालकर हरे धनिये से सजाकर गरमा-गरम परोसें.

# लहसुनी टिक्की

## सामग्री

आलू ................ 6 मध्यम आकार के
नमक ........................ स्वादानुसार
प्याज़ ............... 1 मध्यम आकार का
लहसुन ...................... 4-6 कलियाँ
ताज़ा हरा धनिया ..........2 बड़े चम्मच
काजू ................................. 6-8
लाल मिर्च पाउडर ...... $^1/_2$ बड़ा चम्मच
पनीर (कद्दूकस किया हुआ) ... $^1/_4$ कप
तेल ....................... तलने के लिए

## विधि

1 आलू उबालें. ठंडे करके छीलें और मसल लें. मसले हुए आलुओं में नमक मिलायें और गूँधकर मुलायम और चिकना कर लें तथा दस से बारह हिस्सों में बाट लें.
2 प्याज़ और लहसुन को बारीक काट लें. हरे धनिये को बारीक काट लें.
3 काजू को दरदरा पीस लें. दरदरे पिसे काजू, प्याज़, लहसुन, हरे धनिये, लाल मिर्च

पाउडर, नमक और कद्दूकस किए हुए पनीर को एक साथ अच्छी तरह से मिला लें. इस मिश्रण को दस से बारह हिस्सों में बाँट लें.

4 मसले हुए आलुओं के मिश्रण का एक हिस्सा लेकर उसमें पनीर के मिश्रण का एक हिस्सा भर लें. दो इंच बड़ी और आधा इंच मोटी टिक्की बना लें.

5 एक कड़ाही में पर्याप्त तेल गर्म करें. इसमें इन्हें सुनहरे भूरे रंग की होने तक तलें. तेल सोखनेवाले कागज़ पर निकालकर रखें ताकि अतिरिक्त तेल निकल जाए.

6 टमाटर की चटनी या हरे धनिये और पुदीने की चटनी (पृष्ठ क्र. 96) के साथ गरमा-गरम परोसें.

# कोथिंबीर बड़ी

## सामग्री

ताज़ा हरा धनिया .................. 4 कप
हरी मिर्चें .................................. 4
गुड़ (कद्दूकस किया हुआ)..2 छोटे चम्मच
नमक ......................... स्वादानुसार
खाने का सोडा ................. चुटकीभर
हल्दी .................. $^1/_2$ छोटा चम्मच
बेसन ..................................1 कप
तेल .......2 बड़े चम्मच + तलने के लिए

## विधि

1 ताज़ा हरा धनिया बारीक काट लें. दो बड़े चम्मच सजाने के लिए अलग रख दें. हरी मिर्च को बारीक काट लें.

2 हरा धनिया, हरी मिर्च, गुड़, नमक, खाने का सोडा, हल्दी, बेसन और दो बड़े चम्मच तेल को अच्छी तरह मिला लें. जरूरत के अनुसार पानी मिलाकर गाढ़ा घोल बना लें. ध्यान रखें कि घोल पतला न हो जाए.

3 इस घोल को कम से कम डेढ़ इंच गहरी चिकनाईयुक्त प्लेट में या छह इंच चौड़ी छह इंच लंबी और आधा इंच ऊंचाई वाली ट्रे में डालें.

4 तेज़ आँच पर पंद्रह-बीस मिनट तक या कड़ा होकर पकने तक भाप पर पकायें. सींख डालकर देखें यदि वह बिना चिपके बाहर निकल जाए तो समझें की बड़ी पक गयी है. आँच से उतारकर ठंडा कर लें और एक इंच के चौकोर टुकड़ों में काट लें.

5 कड़ाही में पर्याप्त तेल गर्म करें और बड़ी को हल्का सुनहरा भूरा और कुरकुरा होने तक तलें. इसे निकालकर तेल सोखने वाले कागज़ पर रखें ताकि अतिरिक्त तेल निकल जाए.

6 हरे धनिये से सजाकर गरमा-गरम परोसें.

# मशरूम एण्ड पनीर कबाब

## सामग्री

बटन मशरूम ...................... 14-16
पनीर ........................... 200 ग्राम
प्याज़ ................ 3 मध्यम आकार के
शिमला मिर्च ...................... 2 बड़ी
चेरी टमाटर ........................ 18-20
हरी मिर्चें ..............................2-3
अदरक .................. 2 इंच का टुकड़ा
लहसुन ..................... 8-10 कलियाँ

तेल ........................2 छोटे चम्मच
कुटी हुई लाल मिर्च.......1 छोटा चम्मच
शहद .......................2 छोटे चम्मच
जीरा पाउडर..............1 छोटा चम्मच
गरम मसाला पाउडर .....1 छोटा चम्मच
नमक ......................... स्वादानुसार
नींबू का रस ...............2 छोटे चम्मच
चाट मसाला .............1 छोटा चम्मच

## विधि

1 मशरूम को साफ कर लें. पनीर को डेढ इंच के टुकड़ों में काट लें. प्याज़ को छीलकर एक इंच के टुकड़ों में काट लें. शिमला मिर्च को धोकर बीच में से काटें. बीज निकालकर उसके एक इंच के टुकड़े कर लें. चेरी टमाटर धो लें.

2 हरी मिर्च को मोटा-मोटा काट लें. लहसुन और अदरक को हरी मिर्च के साथ पीसकर पेस्ट बना लें.

3 एक बाउल में तेल लें. उसमें अदरक-लहसुन और हरी मिर्च की पेस्ट, कुटी हुई लाल मिर्च, शहद, जीरा पाउडर, गरम मसाला पाउडर, नमक, नींबू का रस और चाट मसाला डालकर अच्छी तरह मिला लें.

4 पनीर, बटन मशरूम, चेरी टमाटर, शिमला मिर्च और प्याज़ के टुकड़ों को इस मिश्रण में अच्छी तरह मेरीनेट कर लें.

5 आठ इंच लंबी सींकों को पानी में आधे घंटे तक डुबो कर रखें. पानी से निकालकर इसमें मेरीनेटेड पनीर, मशरूम, चेरी टमाटर, शिमला मिर्च और प्याज़ के टुकड़ों को एक के बाद एक पिरोयें.

6 इसे कोयले की आंच पर या गैस पर पाँच मिनट तक घुमाते हुए सब तरफ से एक जैसा सेंके या $180^{0}$ सेल्सियस पर पहले से गरम अवन में पंद्रह मिनट तक पकायें. निकालकर गरमा-गरम परोसें.

# स्टफ्ड चिलीज़

## सामग्री

बड़ी हरी मिर्चें ...................... 12-16
प्याज़ ................ 1 मध्यम आकार का
पालक ........................... 1/2 गुच्छा
ताज़ा मशरूम ..................... 1/2 कप
प्रोसेस्ड चीज़ ......................50 ग्राम
तेल ........................ 1 छोटा चम्मच
जीरा पाउडर ............ 1/2 छोटा चम्मच
लाल मिर्च पाउडर ..... 1/2 छोटा चम्मच
नमक .......................... स्वादानुसार
ब्रेड का चूरा ...................... 1/4 कप
तेल ......... बेकिंग ट्रे को लगाने के लिए

## विधि

1 मिर्चें अच्छी तरह से धो लें. एक तरफ से चीरकर बीज निकाल लें और अलग रख दें. प्याज़ को छीलकर बारीक काट लें.

2 पालक को साफ कर अच्छी तरह पानी से धो लें. पालक के डंठल निकाल दें और पत्तों को कुछ मिनटों तक उबलते पानी में डालें; निकालकर ठंडे पानी में डालें. निथारकर पत्तों को बारीक काट लें.

3 मशरूम को धोकर बारीक काट लें. चीज़ को कद्दूकस कर अलग रख लें.

4 मध्यम आँच पर एक पेन में तेल गरम कर लें. फिर उसमें प्याज़ डालकर हल्का सुनहरा होने तक भूनें. मशरूम डालकर दो से तीन मिनट तक चलाते हुए पकायें.

5 पालक डालकर और दो मिनट चलायें. फिर जीरा पाउडर, लाल मिर्च पाउडर और स्वादानुसार नमक डालकर अच्छी तरह से मिलायें.

6 आँच पर से हटा लें और ठंडा कर लें. ब्रेड का चूरा और चीज़ मिश्रण में मिला लें.

7 पालक और मशरूम के मिश्रण को हरी मिर्च में भर लें. इन्हें तेल लगी हुई बेकिंग ट्रे में रखें और पहले से $200^0$ सेल्सियस पर गरम किए अवन में बीस मिनट तक या मिर्चें नरम होने तक पकायें.

8 गरमा-गरम परोसें.

# भाजणी थालीपीठ

## सामग्री

भाजणी आटा ........................ 3 कप
प्याज़ ............... 1 मध्यम आकार का
नमक ......................... स्वादानुसार
हल्दी .................... $^1/_2$ छोटा चम्मच
तेल ............................ 7 बड़े चम्मच

## विधि

1 प्याज़ को बारीक काट लें.

2 भाजणी आटे में नमक, हल्दी, बारीक कटा हुआ प्याज़ और दो छोटे चम्मच तेल मिला लें. आवश्यकतानुसार पानी डालकर नरम आटा गूंध लें.

3 इसे आठ बराबर भागों में बाँट लें. हर एक भाग को केले के गीले पत्ते या मोटी पॉलिथिन शीट पर रखकर दबाते हुए पाव इंच मोटा और पाँच इंच व्यास का गोल थालीपीठ बना लें.

4 प्रत्येक थालीपीठ के बीच में गड्ढा कर लें. एक तवे को गर्म करें. उसमें थोड़ा सा तेल डालें. थालीपीठ को तवे पर धीरे से डालें और चारों तरफ से थोड़ा तेल छोड़ें. धीमी आँच पर एक मिनट तक या सुनहरा भूरा होने तक सेंके.

5 थालीपीठ को पलटें और दूसरी तरफ से भी सुनहरा भूरा होने तक सेंके.

6 मक्खन या दही के साथ गरमा-गरम परोसें. थालीपीठ आटा बनाने के लिए नीचे दी गई सामग्री को अलग-अलग सेंक लें, ठंडा कर लें और पीसकर आटा बना लें. इस आटे को एक महीने तक रखा जा सकता है.

गेहूँ........................................ 1 कप
चावल ...................................... 1 कप
ज्वार ....................................... 2 कप
बाजरा ...................................... 2 कप
काला चना ........................... 3/4 कप
उड़द दाल.............................. 3/4 कप
धनिया ................................. 1/2 कप

# मिर्ची वड़ा

## सामग्री

हरी मिर्चें ........................... 16 बड़ी
आलू (उबले हुए) ... 6 मध्यम आकार के
हरा धनिया ...................... 3-4 डंठल
लाल मिर्च पाउडर ......... 1 बड़ा चम्मच
गरम मसाला पाउडर....... 1 बड़ा चम्मच
चाट मसाला .............. 1 छोटा चम्मच
नमक ......................... स्वादानुसार

**घोल**

बेसन ................................ 1 कप
बेकिंग पाउडर ............ 1 छोटा चम्मच
लाल मिर्च पाउडर ......... 1 बड़ा चम्मच
नमक ......................... स्वादानुसार
तेल ......................... तलने के लिए

## विधि

1 हरी मिर्चों को बीच से चीर कर उसके बीज निकाल लें. डंठल न तोड़ें.
2 आलुओं को छीलकर कद्दूकस कर लें. हरे धनिये को बारीक काट लें.
3 आलू में लाल मिर्च पाउडर, गरम मसाला, चाट मसाला, बारीक कटा हरा धनिया और नमक डालकर अच्छी तरह से मिला लें.

4 आलू का थोड़ा सा मिश्रण हरी मिर्चों में भर दें और थोड़ा मिश्रण मिर्चों पर लपेट लें. इसे आधे घंटे के लिए फ्रिज़ में रख दें.

5 बेसन में बेकिंग पाउडर, लाल मिर्च पाउडर, नमक और एक कप पानी मिलाकर गाढ़ा घोल तैयार कर लें. घोल को दस मिनट तक ऐसे ही रहने दें.

6 कड़ाही में तेल गरम कर लें. हरी मिर्च को बेसन के घोल में लपेटकर तेल में डालें और सुनहरा भूरा होने तक तल लें.

7 निकालकर तेल सोखने वाले कागज़ पर रखें ताकि अतिरिक्त तेल निकल जाए. अपनी पसंदीदा सॉस या चटनी के साथ गरमा-गरम परोसें.

# बॉम्बे पाव भाजी

## सामग्री

आलू ................ 4 मध्यम आकार के
टमाटर................ 4 मध्यम आकार के
फूलगोभी ...................... $^{1}/_{4}$ छोटी
प्याज़ ................ 2 मध्यम आकार के
लहसुन ...................... 8-10 कलियाँ
अदरक .................. 1 इंच का टुकड़ा
शिमला मिर्च ....... 1 मध्यम आकार की
हरी मिर्चें ................................3-4
ताज़ा हरा धनिया ................ $^{1}/_{4}$ कप
हरे मटर ............................ $^{1}/_{4}$ कप
नींबू .................................... 2
तेल ..........................3 बड़े चम्मच
पाव भाजी मसाला....... $1^{1}/_{2}$बड़े चम्मच
नमक ........................ स्वादानुसार
मक्खन.......................3 बड़े चम्मच
पाव ........................................ 8

## विधि

1 आलुओं को उबालकर ठंडा कर लें. छीलकर उन्हें कद्दूकस कर लें. टमाटर को छोटे-छोटे टुकड़ों में काट लें.

2 फूलगोभी को धोकर उसे कद्दूकस कर लें. प्याज़ को बारीक काट लें. अदरक और लहसुन की पेस्ट बना लें. शिमला मिर्च को बारीक काट लें.

3 हरी मिर्च और हरे धनिये को बारीक काट लें. हरे मटर को नमक के पानी में नरम होने तक उबाल लें. मटर को पानी में से निकालकर हल्का सा मसल लें और अलग रख दें. नींबू की फाँकें कर लें.

4 एक कड़ाही में तेल गर्म कर लें. बारीक कटे हुए प्याज़ का पौन हिस्सा डालकर भूरा होने तक भूनें. बाद में उसमें बारीक कटी हुई हरी मिर्च और लहसुन-अदरक पेस्ट डालकर आधे मिनट तक पकायें.

5 बारीक कटे हुए टमाटर में से आधे टमाटर डालकर मध्यम आँच पर तीन से चार मिनट तक या मसाला तेल छोड़ने लगे तब तक पकायें.

6 बारीक कटी हुई शिमला मिर्च, हलके मसले हुए मटर, कद्दूकस की हुई फूलगोभी, उबालकर मसले हुए आलू और डेढ़ कप पानी डालें. एक उबाल लायें और दस मिनट तक अच्छी तरह से उबालें. चम्मच के पिछले हिस्से से सब्जियों को अच्छी तरह से मसलें.

7 पाव भाजी मसाला, नमक और बचे हुए टमाटर डालकर मध्यम आँच पर दो मिनट तक पकायें. अच्छी तरह से चलाते रहें.

8 एक मोटा तवा या पेन लें. उस पर आधा मक्खन डालें और गरम कर लें. पाव को बीच में से काटकर उसके दो हिस्से कर लें और मक्खन में सेंक लें. पाव को अच्छी तरह से दबा-दबाकर सेंके ताकि पाव कुरकुरा और हल्के भूरे रंग का हो जाए.

9 भाजी पर हरा धनिया और मक्खन डालकर पाव के साथ गरमा-गरम परोसें. साथ में बारीक कटा हुआ प्याज़ और नींबू की फाँकें भी दें.

# चटपटी टिक्की

## सामग्री

कच्चे केले ........... 2 मध्यम आकार के
गाजर ................ 2 मध्यम आकार की
प्याज़ ................ 1 मध्यम आकार का
अदरक ................... 1 इंच का टुकड़ा
हरी मिर्चें .............................3-4
पुदीने की पत्तियाँ ..................... 8-10
किशमिश ......................... 15-20
खजूर (बीजरहित) ...................... 6

मूँगफली, सेंकी हुई .............. 1/2 कप
तेल ......................... 1 छोटा चम्मच
राई ..................... 1/2 छोटा चम्मच
उड़द दाल ............... 1/2 छोटा चम्मच
लाल मिर्च पाउडर ....... 1 छोटा चम्मच
चाट मसाला .............. 2 छोटे चम्मच
नमक ........................ स्वादानुसार
नींबू का रस ............... 2 छोटे चम्मच

## विधि

1 कच्चे केलों को पर्याप्त पानी में पंद्रह से बीस मिनिट तक उबाल लें. ठंडा करें और छीलकर अच्छी तरह मसल लें. गाजर को कद्दूकस कर लें. प्याज़ और अदरक को बारीक काट लें.

2 हरी मिर्च को बारीक काट लें. पुदीने की पत्तियों को धोकर बारीक काट लें.

3 किशमिश धोएं, पोंछकर सुखा लें और मोटा-मोटा काट लें. खजूर को भी बड़े-बड़े टुकड़ों में काट लें. इन्हें मिला लें और तैयार मिश्रण को बारह हिस्सों में बराबर-बराबर बांट लें. सेंकी हुई मूँगफली को पीसकर उसका दरदरी पाउडर बना लें.

4 एक नॉनस्टिक पेन में तेल गरम करें. उसमें राई और उड़द दाल डालें. तड़कने पर बारीक कटे हुए प्याज़, अदरक, लहसुन और हरी मिर्च डालें. आधे मिनट तक चलायें. उसमें लाल मिर्च पाउडर डालकर मिलायें और कद्दूकस की हुई गाजर डालकर चलायें.

5 मध्यम आँच पर दो से तीन मिनट तक पकायें. पुदीने की पत्तियाँ और चाट मसाला डालकर अच्छे से मिलायें और आंच से उतारकर अलग रख दें.

6 ठंड़ा होने पर मसले हुए कच्चे केले में तैयार मसाला, नमक और नींबू का रस डालकर अच्छी तरह से मिलायें.

7 मिश्रण को बारह बराबर हिस्सों में बाँट लें.

8 केले के मिश्रण का एक हिस्सा गीली हथेली पर लेकर चपटा कर लें. उसमें खजूर और किशमिश का मिश्रण थोड़ा सा भरें और आधा इंच मोटी टिक्की बना लें.

9 टिक्की को मूंगफली पाउडर में लपेटें तथा हलके हाथों से दबायें.

10 एक नॉनस्टिक पेन या मोटा तवा लें. उसमें थोड़ा तेल डालें और टिक्की को मध्यम आँच पर भूरा होने तक उलट पलट कर सेंकें. ध्यान रखें कि टिक्की अच्छी तरह से पक जायें. मनपसंद सॉस या चटनी के साथ परोसें.

# ढोकला

## सामग्री

चावल ................................ 1 कप
उड़द दाल ......................... $^1/_4$ कप
दही ................................... $^1/_4$ कप
गुनगुना पानी .................. $1^1/_2$ कप
नमक ........................ स्वादानुसार
अदरक .................. 1 इंच का टुकड़ा
हरी मिर्चें ................................. 4
ताज़ा हरा धनिया ............... 3-4 डंठल
सोडा बायकार्बोनेट..... $^1/_2$ छोटा चम्मच
नींबू का रस ............... 1 बड़ा चम्मच
तेल .......................... 2 बड़े चम्मच

## विधि

1 चावल और दाल को मध्यम आँच पर चार से पाँच मिनट तक सूखा भून लें. ठंडा कर दरदरा पीस लें.

2 एक बर्तन में यह पीसा हुआ मिश्रण लें, उसमें थोड़ा खट्टा दही और गुनगुना पानी डालकर अच्छी तरह से मिलायें ताकि उसमें गाठें न रहें.

3 नमक मिलायें और खमीर उठने के लिए आठ से दस घंटे तक अलग रख दें.

4 अदरक और हरी मिर्च को एक साथ पीसकर पेस्ट बना लें. हरा धनिया बारीक काट लें.

5 खमीर उठने के बाद मिश्रण में अदरक और हरी मिर्च पेस्ट अच्छी तरह से मिला लें.

6 ढोकला बनाने की थाली में तेल लगायें. स्टीमर या बॉयलर में पानी उबाल लें.

7 आधे घोल को दूसरे बर्तन में निकाल लें. एक छोटी कटोरी में पाव चम्मच सोडा बायकार्बोनेट, आधा छोटा चम्मच तेल और आधा छोटा चम्मच नींबू का रस मिला लें. इसे घोल में डालकर अच्छी तरह मिला लें. स्टीमर में रखने से पहले बचे हुए आधे घोल को भी इसी प्रकार तैयार कर लें.

8 चिकनाईयुक्त थाली में घोल डालकर उसे स्टीमर में रखें और आठ से दस मिनट तक भाप पर पकायें.

9 चाकू डाल कर देखें. अगर चाकू पर घोल नही चिपके तो समझें ढोकला पक गया है.

10 थोड़ा हरा धनिया छिड़ककर, हरे धनिये और पुदीने की चटनी (पृष्ठ क्र. 96) के साथ गरमा-गरम परोसें.

# खांडवी

## सामग्री

बेसन ........................... $1\frac{1}{4}$ कप
अदरक .................. 1 इंच का टुकड़ा
हरी मिर्चें ................................ 2
दही .................................. 1 कप
नमक ........................ स्वादानुसार
हल्दी .................... $\frac{1}{2}$ छोटा चम्मच
नींबू का रस ................ 1 बड़ा चम्मच

तेल .......................... 4 बड़े चम्मच
राई ......................... 1 छोटा चम्मच
हींग ............................ चुटकी भर
नारियल (कद्दूकस किया हुआ) .........
................................ 2 बड़े चम्मच
ताज़ा हरा धनिया ............. $\frac{1}{4}$ गुच्छा

## विधि

1 बेसन को छानकर एक बाउल में रख लें. अदरक और हरी मिर्च को एक साथ पीस लें. थाली की उल्टी तरफ या किसी चिकनी सतह पर थोड़ा तेल लगायें.

2 दही में दो कप पानी डालें और अच्छी तरह से फेंट कर छाछ तैयार कर लें.

3 बेसन में अदरक-हरी मिर्च पेस्ट, नमक, हल्दी, नींबू का रस और छाछ डालकर अच्छी तरह से मिलायें. ध्यान रहे उसमें गांठे ना रहें.

4 मिश्रण को लगातार चलाते हुए पकायें ताकि इसका गाढ़ा घोल बन जाये.

5 इस गरमा-गरम घोल को तुरन्त चिकनाई लगी थाली पर या चिकनी सतह पर फैला दें. घोल की परत जितनी पतली होगी खांडवी उतनी ही स्वादिष्ट बनेगी.

6 ठंडा हो जाने पर इसे अपनी ओर घुमाते हुए रोल बना लें. एक इंच के टुकड़ों में काट लें.

7 तेल गरम करें. उसमें राई डालें. तड़कने पर चुटकी भर हींग डालें और इन टुकड़ों को उसमें डाल दें.

8 कद्दूकस किये हुए नारियल और हरे धनिये से सजाकर परोसें.

# साबूदाना वड़ा

## सामग्री

साबूदाना ........................ $1\frac{1}{2}$ कप
आलू ................. 3 मध्यम आकार के
मूंगफली (भूनी हुई) ............... 1 कप
हरी मिर्चें .................................. 3
ताज़ा हरा धनिया............. $\frac{1}{4}$ गुच्छा
नींबू का रस ............... 1 बड़ा चम्मच
नमक ......................... स्वादानुसार
तेल ......................... तलने के लिए

## विधि

1. साबूदाने को पर्याप्त पानी में दो घण्टे तक भिगोयें. निथारकर अतिरिक्त पानी निकाल दें. आलू को उबालकर, ठंडा कर लें; छीलकर मसल लें.
2. मूंगफली को दरदरा पीस लें. हरी मिर्च को बारीक काट लें.
3. ताज़ा हरा धनिया बारीक काट कर अलग रख लें.
4. साबूदाना, आलू, मूंगफली, हरी मिर्च, हरा धनिया, नींबू का रस और नमक अच्छी तरह से मिला लें.
5. मिश्रण के नींबू के आकार के सोलह गोले बना लें. हथेलियों के बीच में रखकर अच्छे से दबाएँ. गर्म तेल में सुनहरे-भूरे होने तक वड़े तल लें.
6. अपनी मनपसंद चटनी के साथ गरमा-गरम परोसें.

# राइस पकोड़ा

**सामग्री**

चावल (पकाया हुआ) ............. 2 कप
बेसन ............................. $^1/_2$ कप
हरी मिर्चें ................................3-4
अदरक .................. 1 इंच का टुकड़ा
प्याज़ .............................. 1 बड़ा
ताज़ा हरा धनिया............. $^1/_4$ गुच्छा
चाट मसाला ............. 1 छोटा चम्मच
नमक ......................... स्वादानुसार
तेल .......................... तलने के लिये

**विधि**

1 हरी मिर्च बारीक काट लें. अदरक, प्याज़ और हरा धनिया भी बारीक काट लें.
2 तेल को छोड़कर ऊपर दी गई सारी सामग्री एक साथ मिला लें. पाव कप पानी मिलाकर थोड़ा गाढ़ा घोल बना लें.
3 एक कड़ाही में तलने के लिए तेल गरम करें.
4 चावल का थोड़ा सा मिश्रण चम्मच में लेकर तेल में डालें और सुनहरा भूरा होने तक तलें.

5 निकालकर तेल सोखने वाले कागज़ पर रखें ताकि अतिरिक्त तेल निकल जाए और इसे एक बार फिर गरम तेल में तलें.

6 तेल सोखने वाले कागज़ पर निकालकर रखें. चटनी के साथ गरमा-गरम परोसें.

# पनीर कोलीवाडा

## सामग्री

| | |
|---|---|
| पनीर | 300 ग्राम |
| बेसन | $^{1}/_{2}$ कप |
| जीरा पाउडर | $^{1}/_{2}$ छोटा चम्मच |
| दही | 2 बड़े चम्मच |
| कश्मीरी लाल मिर्च पाउडर | 2 छोटे चम्मच |
| नमक | स्वादानुसार |
| अदरक पेस्ट | 1 बड़ा चम्मच |
| लहसुन पेस्ट | 1 बड़ा चम्मच |
| नींबू का रस | 2 बड़े चम्मच |
| तेल | तलने के लिए |
| चाट मसाला | $^{1}/_{2}$ छोटा चम्मच |

## विधि

1. पनीर को तीन इंच लंबे, आधा इंच मोटे तथा आधा इंच चौड़े टुकड़ों में काट लें.
2. बेसन में जीरा पाउडर, दही, लाल मिर्च पाउडर, नमक, अदरक-लहसुन पेस्ट और नींबू का रस डालकर अच्छी तरह से मिलाकर गाढ़ा घोल तैयार कर लें.
3. पनीर के टुकड़ों को बेसन के घोल में आधे घंटे तक मेरीनेट करें.
4. एक कड़ाही में तेल गरम करें और पनीर के टुकड़ों को उसमें कुरकुरा होने तक तलें.
5. ऊपर से चाट मसाला छिड़ककर गरमा-गरम परोसें.

# वेजिटेबल समोसा

## सामग्री

**आवरण**

मैदा ................................ 1 कप
अजवाइन ............... 1/2 बड़ा चम्मच
घी/तेल ...................... 3 बड़े चम्मच
नमक ......................... स्वादानुसार

**भरावन**

अदरक .................. 1 इंच का टुकड़ा
हरी मिर्चें ................................ 2
आलू ............................... 4 बड़े
हरे मटर ............................ 1/2 कप
तेल .......2 बड़े चम्मच + तलने के लिए
जीरा ...................... 1 छोटा चम्मच
लाल मिर्च पाउडर ........ 1 छोटा चम्मच
नमक ........................... स्वादानुसार
अमचूर ..................... 1 छोटा चम्मच
गरम मसाला पाउडर ..... 1 छोटा चम्मच
ताज़ा हरा धनिया .............. 3-4 डंठल

## विधि

1 मैदे में अजवाइन, घी या तेल और नमक को अच्छी तरह से मिला लें. थोड़ा-थोड़ा पानी डालकर कड़ा आटा गूँध लें. गीले कपड़े से ढककर दस से पंद्रह मिनट के लिए अलग रख दें.

2 अदरक और हरी मिर्च को बारीक काट लें. आलुओं के आधे सेंटीमीटर चौकोर टुकड़े काट लें.

3 गरम पानी में नमक डालकर उसमें हरे मटर को नरम होने तक उबाल लें. निकालकर ठंडे पानी में डालें. निथार कर अतिरिक्त पानी निकाल दें.

4 कड़ाही में तेल गर्म करें. जीरा डालकर रंग बदलने तक भूनें. उसमें अदरक, हरी मिर्च और आलू के टुकड़े डालें.

5 लाल मिर्च पाउडर, नमक, अमचूर और गरम मसाला डालकर कुछ मिनट तक भूनें.

6 थोड़ा पानी छिड़ककर, ढककर आलू पकने तक पकायें. उसमें हरे मटर डालें और अच्छी तरह मिला लें . ठंडा होने के लिये अलग रख दें.

7 गूँधे हुए आटे को सोलह हिस्सों में बाँट लें और उनके गोले बना लें. थोड़ा सा पलेथन लगाकर चार इंच व्यास की रोटी बेल लें.

8 बीच से काट लें और किनारों पर थोड़ा सा पानी लगाकर कोन बना लें. उसमें आलू और मटर के मिश्रण को भर लें. किनारे बंद कर लें.

9 तेल (मध्यम) थोड़ा गरम कर उसमें समोसे को डालकर आधा पकने तक तल लें. निकालकर कागज पर रख लें. परोसने से पहले एक बार तेज़ आँच पर सुनहरे भूरे और कुरकुरे होने तक तलें.

10 इमली की चटनी (पृष्ठ क्र. 96) के साथ गरमा-गरम परोसें.

# हेल्दी पिज़्ज़ा

## सामग्री

**पिज़्ज़ा बेस**

ड्राइड यीस्ट (खमीर) . $1\frac{1}{2}$ छोटा चम्मच
शक्कर .................... 1 छोटा चम्मच
गेहूँ का आटा .................... $1\frac{1}{2}$ कप
सोयाबीन का आटा .........2 बड़े चम्मच
नमक .................... 1 छोटा चम्मच
जैतून का तेल .............1 बड़ा चम्मच
चोकर .....................2 बड़े चम्मच

**सॉस**

टमाटर 4 मध्यम आकार के
प्याज़ ............................. 1 छोटा
लहसुन ......................4-5 कलियाँ
ताज़ी तुलसी ................ कुछ पत्तियाँ
जैतून का तेल ..............2 बड़े चम्मच
नमक ........................ स्वादानुसार
कुटी लाल मिर्च ..........1 छोटा चम्मच

**टॉपिंग**

मशरूम ........................... 10-12
शिमला मिर्च ....... 1 मध्यम आकार की
टमाटर .............. 2 मध्यम आकार के
प्याज़ ............... 1 मध्यम आकार का
लो फेट मोज़रेला चीज़ .... 1 बड़ा चम्मच
ऑरेगेनो (सूखा) ....... $\frac{1}{4}$ छोटा चम्मच

## विधि

1 खमीर में शक्कर और एक छोटा चम्मच गुनगुना पानी मिलाकर झाग उठने के लिये अलग रख दें.

2 झागवाले खमीर को गेहूँ और सोया के आटे में मिलायें. इसमें नमक, जैतून का तेल और गेहूँ का चोकर मिलायें. पानी डालकर नरम आटा गूँध लें.

3 इस आटे को गीले कपड़े से ढककर गरम जगह पर पैंतालिस मिनट तक या फूलकर दुगुना होने तक रखें.

4 पिज़्ज़ा आटे के चार भाग करें. प्रत्येक की मोटी आठ इंच व्यास की रोटी बेल लें. इसमें कांटे से छेद कर लें. अवन को $220^0$ सेल्सियस तक पहले ही गरम कर लें.

5 सॉस बनाने के लिए टमाटर को छोटा-छोटा काट लें. प्याज़ और लहसुन को बारीक काट लें. तुलसी की पत्तियों को धोकर छोटे टुकड़ों में तोड़ लें. पेन में जैतून का तेल गरम कर लें. उसमें प्याज़ और लहसुन डालें. थोड़े समय तक चलाते हुए भूनें. उसमें कटा टमाटर डाल दें. एक कप पानी डालकर उबाल आने दें. तुलसी की पत्तियाँ, नमक और कुटी लाल मिर्च डालकर चला लें. गाढ़ा होने तक या पाँच मिनट तक इसे मध्यम आँच पर पकने दें.

6 पिज़्ज़ा टॉपिंग बनाने के लिए मशरूम को अच्छी तरह से पानी से धो लें. फिर सुखाकर उसकी फाँके कर लें. शिमला मिर्च को दो भागों में काट लें, बीज निकालकर पतली-

पतली फाँके कर लें. टमाटर धोकर चार भागों में काट लें और फिर उसे पतला-पतला काट लें. प्याज़ को छीलकर उसकी पतली फाँकें कर लें. लो फेट मोज़रेला चीज़ कद्दूकस कर लें.

7 तैयार पिज़्ज़ा बेस पर पिज़्ज़ा सॉस अच्छी तरह से फैलाकर उस पर प्याज़, मशरूम, टमाटर और शिमला मिर्च डालें. मोज़रेला चीज़ से इसे पूरी तरह से ढक दें. ऑरेगेनो की सूखी पत्तियों को चूरकर इस पर छिड़क दें.

8 पिज़्ज़ा बेस को चिकनाईयुक्त अवनप्रूफ डिश में रखकर पहले से गरम अवन में बीस मिनट तक या पिज़्ज़ा बेस कुरकुरा होने और चीज़ के पिघलने तक बेक करें.

9 अवन से निकालकर छह या आठ टुकड़ों में काटकर गरमा-गरम परोसें.

# केज़न वेजिटेबल पिज़्ज़ा

## सामग्री

### पिज़्ज़ा बेस

मैदा ............................ $1^1/_2$ कप
ड्राइड यीस्ट (खमीर) ......................
...................... $1^1/_2$ छोटा चम्मच
शक्कर ..................... 1 छोटा चम्मच
नमक ..................... 1 छोटा चम्मच
तेल ......................... 1 बड़ा चम्मच
तेल/घी ...................... बेकिंग ट्रे में
........................... लगाने के लिए

### सॉस

टमाटर ............... 4 मध्यम आकार के
प्याज़ ............................ 1 छोटा
लहसुन ........................ 4-5 कलियाँ
ताज़ी तुलसी ................ कुछ पत्तियाँ
जैतून का तेल .............. 2 बड़े चम्मच
नमक ......................... स्वादानुसार
लाल मिर्च (कुटी हुई) .... 1 छोटा चम्मच

### टॉपिंग

टमाटर .................................... 4
प्याज़ ................ 2 मध्यम आकार के
शिमला मिर्च ..... $^1/_2$ मध्यम आकार की
जैतून का तेल .............. 2 बड़े चम्मच
मकई के दाने ..................... $^1/_2$ कप
ऑरेगेनो (सूखा) ...... $^1/_4$ छोटा चम्मच
ताज़ा तुलसी ................ कुछ पत्तियाँ
मोज़रेला चीज़ ................... $1^1/_2$ कप
लाल मिर्च (कुटी हुई) ..... 1 बड़ा चम्मच

## विधि

1 पाव कप गुनगुने पानी में खमीर (यीस्ट) और शक्कर मिलाकर झाग उठने तक एक तरफ रख दें.

2 यह खमीर मैदे में मिला लें. नमक और तेल डालें. पौन कप पानी डालकर नरम आटा गूँध लें.

3 इसे गीले कपड़े से ढककर पैंतालीस मिनट तक किसी गर्म स्थान पर रखें ताकि यह फूल कर दुगुना हो जाए.

4 मैदे को फिर से गूँधे और दस से पंद्रह मिनट गीले कपड़े से ढककर रखें.

5 इसकी चार बराबर लोई बनाकर हर एक की आठ इंच व्यास की रोटी बेल लें. काँटे से उनमें छेद करें. बेकिंग ट्रे में तेल या घी लगाकर चिकना कर लें. उसमें पिज़्ज़ा बेस रखकर पहले से गरम अवन में $220^0$ सेंटीग्रेड पर बेक कर लें.

6 सॉस बनाने के लिए टमाटर धोकर बारीक काट लें. प्याज़ और लहसुन बारीक काट लें. तुलसी की पत्तियों को धोकर छोटे-छोटे टुकड़ों में तोड़ लें. एक पेन में जैतून का तेल गर्म करें. बारीक कटे प्याज़, लहसुन और टमाटर डालकर अच्छे से भूनें. एक कप पानी डालें जब ये उबलने लगे तब इसमें तुलसी की पत्तियाँ, नमक और कुटी हुई लाल मिर्च डालकर अच्छी तरह मिलायें. इसे मध्यम आँच पर पाँच मिनट तक या सॉस गाढ़ा होने तक पकायें.

7 पिज़्ज़ा टॉपिंग के लिए टमाटर, प्याज़ और शिमला मिर्च को लंबी-लंबी पट्टियों में काट लें. मकई के दाने उबाल लें.

8 पिज़्ज़ा बेस पर तैयार पिज़्ज़ा सॉस को अच्छी तरह से फैला दें. आधा कप कद्दूकस किया हुआ चीज़ डालें और सूखा ऑरेगेनो छिड़कें. चिकनाईयुक्त अवन प्रूफ ट्रे पर पिज़्ज़ा बेस रखकर अवन में आठ से दस मिनट तक या कुरकुरा होने तक पकायें.

9 पिज़्ज़ा को अवन से निकालकर उस पर सब्ज़ियों की टॉपिंग डालें. कुटी हुई लाल मिर्च और बचा हुआ चीज़ डालें. ऊपर से जैतून का तेल छिड़क दें.

10 पिज़्ज़ा फिर से अवन में पाँच मिनट तक या चीज़ पिघलकर उसमें बुलबुले उठने तक बेक करें. अवन से निकालकर छः से आठ टुकड़ों में काट लें और परोसें.

# पातरा

## सामग्री

अरबी के पत्ते ........................... 12
ताज़ा हरा धनिया ............. $^1/_2$ गुच्छा
बेसन ............................ $1^1/_2$ कप
हल्दी ........................ 1 छोटा चम्मच
लाल मिर्च पाउडर ........ 1 छोटा चम्मच
धनिया पाउडर............ 2 छोटे चम्मच
जीरा पाउडर............... 1 छोटा चम्मच
तिल ......................... 2 छोटे चम्मच
नमक ........................ स्वादानुसार
हरी मिर्च पेस्ट............ 1 छोटा चम्मच
अदरक पेस्ट ............... 1 छोटा चम्मच
तेल ........................... 4 बड़े चम्मच
इमली का गूदा ............ 2 बड़े चम्मच
गुड़ ................................ 100 ग्राम
राई ........................... 1 छोटा चम्मच
हींग .................... $^1/_4$ छोटा चम्मच
नारियल (कद्दूकस किया हुआ) .. $^1/_4$ कप

## विधि

1 अरबी के पत्तों के मोटे डंठल अलग कर लें. पत्तों को अच्छी तरह से धोकर सुखा लें और अलग रख दें. हरे धनिये को बारीक काट लें.

2 एक बाउल में बेसन, हल्दी, लाल मिर्च पाउडर, धनिया पाउडर, जीरा पाउडर,

तिल, नमक, हरी मिर्च पेस्ट, अदरक पेस्ट और दो बड़े चम्मच तेल डालकर अच्छी तरह से मिला लें.

3 इमली का गूदा और गुड़ डालकर फिर से अच्छी तरह से मिलाकर गाढ़ा घोल बना लें.

4 अरबी का एक पत्ता लेकर उसे उल्टा करें और उस पर यह घोल फैला लें. उसके ऊपर दूसरा पत्ता रखें. उस पर भी घोल अच्छे से लगा लें. इस प्रक्रिया को एक बार और दोहरायें, दोनों किनारों को अंदर की तरफ मोडते हुए रोल करें ताकि खुले हुए किनारे अंदर की तरफ रहें. धागे से बाँध लें.

5 इसी तरह से अन्य तीन रोल तैयार कर लें. इन रोल को छलनी पर रखें और भाप पर तीस से चालीस मिनट तक पूरा पक जाने तक पकायें. आँच से उतारकर ठंडा कर लें.

6 रोल के आधे सेंटीमीटर मोटाई के टुकड़े काट लें. बचे हुए तेल को पेन में गरम कर लें. राई डालें. तड़कने पर हींग डालें और रोल के टुकड़ों को डालकर सुनहरा भूरा होने तक तल लें.

7 कद्दूकस किये हुए नारियल और हरे धनिये से सजाकर गरमा-गरम परोसें.

# सेसमि कॉर्न टोस्ट

## सामग्री

सेंके हुए तिल .................... $^1/_2$ कप
मकई के ताज़े दाने ................. 1 कप
आलू ................3 मध्यम आकार के
शिमला मिर्च .......1 मध्यम आकार की
प्याज़ ...............1 मध्यम आकार का
अदरक ................. 1 इंच का टुकड़ा
लहसुन की कलियाँ ...................4-6
हरी मिर्चें .................................2-3
ताज़ा हरा धनिया ..........2 बड़े चम्मच
सोया सॉस ............ $^1/_2$ बड़ा चम्मच
कॉर्नफ्लोर ....................... $^1/_2$ कप
सफेद मिर्च पाउडर..... $^1/_2$ छोटा चम्मच
एम.एस.जी. (ऐच्छिक) $^1/_4$ छोटा चम्मच
नमक ....................... स्वादानुसार
ब्रेड स्लाइस ............................ 8
तेल ......................... तलने के लिए

## विधि

1 मकई के दानों को पीस लें. शिमला मिर्च, प्याज़, अदरक, लहसुन, हरी मिर्च और हरे धनिये को बारीक काट लें.

2 आलू उबालें. ठंडे होने पर छिलके निकाल दें. एक बाउल में लेकर आलुओं को मसल लें.

3 उसमें मकई के दाने, हरी शिमला मिर्च, प्याज़, अदरक, लहसुन, हरी मिर्चें, हरा धनिया, सोया सॉस, दो बड़े चम्मच कॉर्नफ्लोर, सफेद मिर्च पाउडर, एम.एस.जी. और नमक डालकर मिला लें.

4 आधे कप पानी में बचा हुआ कॉर्नफ्लोर मिला लें. ब्रेड स्लाइस को गोल कटर की सहायता से एक इंच के गोल टुकड़ों में काट लें.

5 ब्रेड के टुकड़ों पर कॉर्नफ्लोर का घोल लगा लें, उस पर मकई के मिश्रण की मोटी परत लगाएं और गीले हाथों से उसे समतल कर लें.

6 उस पर तिल छिड़ककर हल्के हाथ से दबाएं. झटककर अतिरिक्त तिल अलग कर लें और पंद्रह मिनट तक उसे फ्रिज में रखें.

7 कड़ाही में तेल गरम करें. उसमें उन गोलों को दो से तीन मिनट तक या कुरकुरे और सुनहरे भूरे होने तक तलें. बीच-बीच में उन्हें पलटते रहें.

8 तेल सोखने वाले कागज़ पर निकाल लें. अपनी पसंद के सॉस के साथ गरमा-गरम परोसें.

# स्पाइस्ड एगप्लान्ट सेवरी

## सामग्री

बैंगन .. 1 मध्यम आकार का (250 ग्रा.)
लहसुन .......................... 5 कलियाँ
टमाटर................ 3 मध्यम आकार के
प्याज़ ................ 1 मध्यम आकार का
हरी मिर्चें ..................................2-3
ताज़ा हरा धनिया ................ 1/4 कप
पुदीने की ताज़ी पत्तियाँ........... 1/4 कप
नींबू का रस ...............1 छोटा चम्मच
नमक .......................... स्वादानुसार
तेल .........................1 छोटा चम्मच
ब्राउन ब्रेड....................... 4 स्लाइस

## विधि

1 बैंगन धो लें और काँटे से उसमें छेद कर लें.

2 बैंगन को आँच पर या पहले से गरम अवन में नरम होने तक भून लें. ठंडा करके छिलका निकाल लें और अच्छी तरह से धो लें. अतिरिक्त पानी निकालकर बारीक काट लें.

3 लहसुन छीलकर बारीक काट लें. टमाटर, प्याज़ और हरी मिर्च को बारीक काट लें. हरे धनिये और पुदीने को भी बारीक काट लें.

4 बैंगन में प्याज़, टमाटर, लहसुन, हरी मिर्च, ताज़ा हरा धनिया, नींबू का रस और नमक डालकर अच्छी तरह से मिलायें.

5 नॉन-स्टिक पेन में थोड़ा सा तेल गरम कर मिश्रण को मध्यम आँच पर अच्छी तरह सूखने तक पकायें.

6 ब्राउन ब्रेड की स्लाइस को कुरकुरा होने तक सेकें. इस मिश्रण को ब्रेड स्लाइस पर फैला लें. इस पर पुदीने की पत्तियाँ डालकर स्लाइस को दो या चार भागों में काट लें. गरम या ठंडा परोसें.

# स्टीम्ड क्रिसेंट्स

## सामग्री

चावल का आटा .................... 1 कप
नमक ...................... 1 छोटा चम्मच
तेल ......................... 1 छोटा चम्मच

**भरावन के लिए**

गाजर ................ 1 मध्यम आकार की
प्याज़ ............... 1 मध्यम आकार का
लहसुन ........................ 6-8 कलियाँ
अदरक .................. 1 इंच का टुकड़ा
हरी मिर्चें ................................ 4-5
शिमला मिर्च ...... 1 मध्यम आकार की
भूनी हुई चना दाल .............. $^1/_4$ कप
तेल .......................... 1 बड़ा चम्मच
जीरा .................... $^1/_2$ छोटा चम्मच
कलौंजी ................ $^1/_2$ छोटा चम्मच
आमचूर .................. 1 छोटा चम्मच
नमक ......................... स्वादानुसार

## विधि

1 गाजर को कद्दूकस कर लें. प्याज़, लहसुन और अदरक को बारीक काट लें. हरी मिर्च और शिमला मिर्च को भी बारीक काट लें. भूनी हुई चने की दाल को हलका सा कूट लें.

2 नॉन-स्टिक पेन में तेल गरम कर लें. जीरा और कलौंजी डालकर चलाते हुए भूनें. इसमें प्याज़, लहसुन, अदरक और हरी मिर्च डालकर तीन-चार मिनट तक पकायें.

3 गाजर और शिमला मिर्च डालकर और थोड़ी देर तक पकायें. इसमें भूने हुए चने, आमचूर और स्वादानुसार नमक डालें. आँच पर से उतारकर ठंडा कर लें.

4 मोटे तले वाले नॉन स्टिक पेन में एक कप पानी उबाल लें. इसमें एक छोटा चम्मच नमक और तेल मिलायें. जब पानी उबलने लगे तब चावल के आटे को डालते हुए लगातार चलाते रहें ताकि कोई गांठ न पडे. इसी प्रकार चलाते हुए दो मिनट तक पकायें.

5 इसे एक प्लेट में निकालकर गीले कपड़े से ढककर थोड़े समय के लिए रहने दें. इसके बाद हथेलियों से गूँध कर इसे चिकना कर लें और फिर से ढककर रख दें.

6 गूँधे हुए आटे की सोलह से अठारह लोईयाँ बना लें.

7 हथेलियों में तेल लगाकर हर लोई को अपनी उँगलियों से दबाते हुए तीन चार इंच की पतली पूरी बनायें. इसमें गाजर और शिमला मिर्च के मिश्रण को भरकर अर्धचंद्र के आकार में मोड़ लें. किनारों को उँगलियों से दबाकर बंद कर दें.

8 बाकी लोइयों को भी इसी तरह भर लें.

9 स्टीम पॉट में पानी गरम कर लें. एक बार में तीन से चार स्टीम्ड क्रीसेंट्स को दस से बारह मिनटों तक या पूरा पक जाने तक भाप में पकायें.

10 इसे अपनी पसंद के गरमा-गरम सॉस के साथ परोसें.

# बटाटा वड़ा

## सामग्री

आलू .............. 4-6 मध्यम आकार के
हरी मिर्चें .............................. 4
लहसुन ...................... 8-10 कलियाँ
ताज़ा हरा धनिया ............... 1/4 कप
नींबू .......................................... 1
हल्दी .................. 1/4 छोटा चम्मच
नमक ........................ स्वादानुसार
हींग.............................. चुटकीभर

**घोल**

बेसन ............................ 1 1/2 कप
नमक ........................ स्वादानुसार
लाल मिर्च पाउडर ..... 1/2 छोटा चम्मच
हल्दी .................... 1/4 छोटा चम्मच
खाने का सोडा ................. चुटकीभर
तेल .... 1 बड़ा चम्मच + तलने के लिए

## विधि

1 आलुओं को उबालकर, ठंडा कर, छील लें और हल्का मसल लें.
2 हरी मिर्चें और लहसुन को मिक्सर में एक साथ पीसकर पेस्ट बना लें. हरे धनिये को धोकर बारीक काट लें. नींबू का रस निकाल लें.

3 एक बाउल में मसले हुए आलू, लहसुन और हरी मिर्च का पेस्ट, हल्दी, हींग, नींबू का रस, बारीक कटा हुआ हरा धनिया और नमक डालकर अच्छी तरह मिला लें.

4 इस मिश्रण को बराबर भागों में बाँटकर उनके गोले बनाकर अलग रख लें.

5 एक बर्तन में बेसन लेकर उसमें नमक, लाल मिर्च पाउडर, हल्दी और सोडा डालें. एक बड़ा चम्मच तेल गरम कर उसमें मिलायें. पानी डालकर फेंटे और गाढ़ा घोल बना लें.

6 कड़ाही में तेल गरम कर लें. आलू के गोलों को बेसन के घोल में लपेटकर सुनहरा-भूरा होने तक तल लें. निकालकर तेल सोखने वाले कागज़ पर रख दें.

7 मनपसंद चटनी के साथ गरमा-गरम परोसें.

# स्पिनेच एन्ड मशरूम पेनकेक्स

## सामग्री

पालक ............................ 600 ग्राम
प्याज़ ............... 1 मध्यम आकार का
लहसुन ....................... 6-8 कलियाँ
ताज़ा मशरूम ..................... 10-12
तेल ....................... 1 छोटा चम्मच
नमक ........................ स्वादानुसार
सफेद मिर्च पाउडर ..... 1/4 छोटा चम्मच
गेहूँ का आटा ..................... 3/4 कप
क्रीम निकाला हुआ दूध ......... 3/4 कप
अजवाइन ............. 1/4 छोटा चम्मच

## विधि

1 पालक को साफ कर, अच्छी तरह से धो लें. निथार कर बारीक काट लें.
2 प्याज़ और मशरूम को बारीक काट लें.
3 एक पेन में तेल गर्म करें. उसमें लहसुन डालकर थोड़ी देर तक भूनें. प्याज़ और मशरूम डालकर प्याज़ नरम और पारदर्शी होने तक भूनें. तेज आँच पर भूनें ताकि प्याज़ और मशरूम का अतिरिक्त पानी सूख जाये.

4 बारीक कटा हुआ पालक, नमक और सफेद मिर्च पाउडर डालकर पालक का पानी सूख जाने तक भूनें. आँच से उतार लें और पालक के मिश्रण को आठ बराबर भागों में बाँट लें.

5 गेहूँ के आटे में नमक और दूध मिलाकर अच्छी तरह से फेंट लें. आवश्यकतानुसार पानी डालकर घोल को चिकना व उंडेलने जितना पतला बना लें. यदि घोल में गांठें पड़ गयी हों तो उसे एक बार छान लें.

6 घोल में अजवाइन डालकर अच्छे से मिलायें और कम से कम पंद्रह मिनट के लिए छोड़ दें.

7 नॉन स्टिक पेन गरम करें. उसमें थोड़ा सा तेल (चिकनाई के लिए) लगायें. घोल को पेन में गोलाकार रूप में फैला लें. मध्यम आँच पर आधे मिनट तक पकायें, फिर उसे पलटकर दूसरी तरफ भी सेंक लें.

8 चीले के तीन चौथाई हिस्से पर पालक के मिश्रण का एक भाग फैलाकर इसे रोल करें. ध्यान रहे कि पालक बाहर ना गिरे.

9 बाकि बचे चीले भी इसी तरह से बनायें और गरमा-गरम परोसें.

**शेफ का सुझाव**

पेन केक को और स्वादिष्ट बनाने के लिए उस पर लो फेट चीज़ डालें .

# चिली पनीर

## सामग्री

पनीर ............................ 300 ग्राम
तेल ...... 2 बड़े चम्मच + तलने के लिए
कॉर्नस्टार्च.................... 3 बड़े चम्मच
प्याज़ ............... 1 मध्यम आकार का
लहसुन ...................... 3-4 कलियाँ
हरी मिर्चें ............................... 6-8
शिमला मिर्च ...... 2 मध्यम आकार की
वेजिटेबल स्टॉक (पृष्ठ क्र. 95) .... 1 कप
नमक ......................... स्वादानुसार
सोया सॉस ................ 1 बड़ा चम्मच
अजीनोमोटो ........... $^1/_4$ छोटा चम्मच

## विधि

1 पनीर को शकरपारे के आकार में काट लें. एक गहरी कड़ाही में पर्याप्त तेल गर्म करें. पनीर के टुकड़ों को एक बड़े चम्मच कॉर्नस्टार्च में लपेटकर हर तरफ से भूरा होने तक तलें. उन्हें निकालकर तेल सोखने वाले कागज़ पर रख लें.
2 बचा हुआ कॉर्नस्टार्च आधे कप पानी में घोल लें.

3 प्याज़ को दो टुकड़ों में काटकर उसकी परतें अलग कर लें. लहसुन को मसल लें. हरी मिर्च को काट लें. शिमला मिर्च को धोकर दो टुकड़ों में काट लें, बीज निकालकर मोटी पट्टियों में काट लें.

4 गहरी कड़ाही में दो बड़े चम्मच तेल डालकर गरम कर लें. लहसुन डालकर हल्का भून लें. प्याज़, शिमला मिर्च और हरी मिर्च डालकर इसे कुछ मिनट तक चलाते हुए भूनें.

5 पनीर और वेजिटेबल स्टॉक डालें. नमक, सोया सॉस और अजीनोमोटो डालकर अच्छी तरह मिला लें.

6 कॉर्नस्टार्च घोल डालकर तेज़ आँच पर ऊपर-नीचे उछालते हुए, सॉस गाढ़ा होकर पनीर और सब्जियों पर चिपकने तक पकायें. तुरंत गरमा-गरम परोसें.

# रेड कोलेस्लॉ इन पीटा पॉकिट्स

## सामग्री

लाल पत्तागोभी.. 1/2 मध्यम आकार की
प्याज़ ................................ 2 छोटे
लाल मूली ............................... 2
लाल सेब ............ 2 मध्यम आकार के
नींबू का रस ................ 1 बड़ा चम्मच
लो फेट चीज़ स्प्रेड .......... 3 बड़े चम्मच
क्रीम निकाले हुए दूध का दही ........... ........................................ 3 बड़े चम्मच
नमक ......................... स्वादानुसार
काली मिर्च पाउडर .... 1/2 छोटा चम्मच
पीटा ब्रेड ........... 4 मध्यम आकार की

## विधि

1 गोभी धोकर उसके पतले लंबे टुकडे कर लें. प्याज़ और मूली को धोकर, छीलकर उनकी पतली फाँके कर लें.

2 सेब को कद्दूकस कर लें. एक बाउल में कटी हुई सब्जियाँ, सेब और नींबू का रस एक साथ अच्छी तरह से मिला लें.

3 इसमें चीज़ स्प्रेड, दही, नमक और काली मिर्च डालकर अच्छी तरह मिलायें. तैयार रेड कोलेस्लॉ को आठ बराबर भागों में बाट लें.

4 पीटा ब्रेड को तवे या पहले से गरम अवन में गरम करें. पीटा ब्रेड के दो टुकडे करें और दोनों में रेड कोलेस्लॉ भरें. अपनी पसंद की चटनी या सॉस के साथ परोसें.

# चीज़ एण्ड हर्ब डिप

**1 कप कद्दूकस** किया हुआ चीज़ और पाव कप दूध मिलाकर उसे डबल बॉयलर में चीज़ पिघलकर मिश्रण थोड़ा गाढ़ा होने तक गरम करें. उसमें स्वादानुसार नमक, $^1/_4$ छोटा चम्मच सफेद मिर्च पाउडर, $^1/_4$ छोटा चम्मच सूखा ओरेगेनो और $^1/_4$ छोटा चम्मच थाइम डालकर मिला लें. इसे तुरंत इस्तेमाल करें.

# पीनट योगर्ट डिप

2 कप दही को कपड़े में बांधकर रातभर फ्रीज़ में लटका कर रखें. फिर बाउल में निकालकर फेंट लें. फिर इसमें $^1/_4$ कप मूँगफली का दरदरा पाउडर, 2 बड़े चम्मच कटा हुआ हरा धनिया और 2 कुटी हुई लाल मिर्च डालें. $^1/_4$ कप मलाई डालकर अच्छी तरह मिला लें. पीनट योगर्ट डिप तैयार है.

* चिप्स, नाचोस, वेफर्स और ताज़े कटे हुए गाजर, मूली और ककड़ी के लंबे लंबे टुकड़ों के साथ आप ये डिप्स खा सकते हैं.

# शेज़वान सॉस

10-12 सूखी लाल मिर्चों को एक कप पानी में पाँच से सात मिनट तक उबालें. ठंडा होने पर इसका पेस्ट बना लें. पेन में तेल गरम कर उसमें बारीक कटी हुई 10 लहसुन की कलियाँ, 1 इंच अदरक के बारीक टुकड़े, 2 हरी मिर्चों के टुकड़े, 2 हरे प्याज़ के बारीक टुकड़े डालकर एक मिनट तक भूनें. फिर उसमें लाल मिर्च पेस्ट, बारीक कटी 2-3 इंच सेलरी डंठल, 3 बड़े चम्मच टोमैटो केचअप और नमक डालें. 2 छोटे चम्मच व्हाइट विनेगर डालकर धीमी आंच पर उबालें जब तक कि तेल ऊपरी सतह पर न आ जाए. ठंडा कर बोतल या जार में भरकर रखें. यह सॉस एक महीने तक टिकता है.

# वेजिटेबल स्टॉक

1 मध्यम आकार के प्याज़ की फाँकें, $^{1}/_{2}$ मध्यम आकार की गाजर की फाँकें, 2 से 3 इंच कटी हुई सेलरी डंठल, 2 लहसुन की मसली हुई कलियाँ, 1 तेजपत्ता, 5 से 6 काली मिर्चें और 2 से 3 लौंग को पाँच कप पानी में एक उबाल आने तक उबालें. फिर धीमी आँच पर पंद्रह मिनट तक उबालें. ठंडा कर छान कर जार में भरकर फ्रिज में रखें. ये स्टॉक फ्रिज में दो से तीन दिन तक टिकता है.

## इमली की चटनी

2 कप पानी में 1 कप इमली डालें और मध्यम आँच पर दो-तीन मिनट तक पकायें. फिर आधे घंटे तक अलग रख दें. बाद में छलनी से छानकर गूदा अलग कर लें. 2 बड़े चम्मच किशमिश धोकर सुखा लें. इमली के गूदे में सवा कप गुड़ और दालचीनी का 1 इंच का टुकड़ा डालकर मध्यम आँच पर आधे घंटे तक पकायें. फिर इसमें $^{1}/_{2}$ छोटा चम्मच काला नमक, 1 छोटा चम्मच लाल मिर्च पाउडर, 1 छोटा चम्मच भूना हुआ ज़ीरा पाउडर, $1^{1}/_{2}$ छोटे चम्मच सौंठ पाउडर और स्वादानुसार नमक डालकर उबालें. किशमिश डालकर और पाँच मिनट तक पकायें. ठंडा होने पर बरनी में भरकर रख दें.

## हरे धनिये और पुदीने की चटनी

मिक्सी में 1 कप बारीक कटा हुआ हरा धनिया, 1 कप बारीक कटा हुआ पुदीना और 2-3 हरी मिर्चें डालकर पेस्ट बना लें. निकालकर उसमें स्वादानुसार काला नमक, $^{1}/_{4}$ छोटा चम्मच शक्कर और 1 छोटा चम्मच नींबू का रस डालकर अच्छी तरह मिला लें. चटनी तैयार है, आप चाहें तो इसमें थोड़ा दही मिला सकते हैं.